APPRENTIS LECTEURS

SANT

La propreté

Sharon Gordon

Texte français de Louise Prévost-Bicego

Éditions
SCHOLASTIC

Catalogage avant publication de Bibliothèque
et Archives Canada

Gordon, Sharon
La propreté / Sharon Gordon;
texte français de Louise Prévost-Bicego.

(Apprentis lecteurs. Santé)
Traduction de : Keeping Clean.
Pour les 5-8 ans.
ISBN 0-439-94187-3

1. Hygiène--Ouvrages pour la jeunesse.
I. Prévost-Bicego, Louise II. Titre. III. Collection.

RA780.G6714 2006   613'.4   C2006-903677-2

Conception graphique : Herman Adler Design
Recherche de photos : Caroline Anderson
L'illustration en page couverture montre une fillette qui se lave les mains.

Édition publiée par les Éditions Scholastic,
604, rue King Ouest, Toronto (Ontario) M5V 1E1.

5 4 3 2 1   Imprimé au Canada   06 07 08 09

Prendre un bain,
c'est amusant!

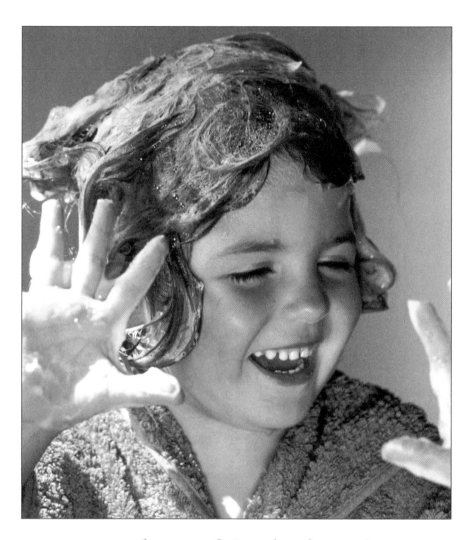

Et cela te fait du bien!

Quand tu prends un bain, tu nettoies ton corps. Tu le débarrasses de la saleté et aussi des germes.

Du savon et une serviette...
Te voilà prêt à te laver
les mains et le visage.

N'oublie pas de frotter
derrière tes oreilles!

Certaines personnes aiment
prendre une douche.
Comme c'est agréable
d'être sous le jet d'eau!

Quand tu fais du sport,
tu peux avoir très chaud.

Pour se rafraîchir, ton corps
transpire. Des gouttelettes
d'eau se forment alors sur
ta peau. C'est ce qu'on
appelle la sueur.

Parfois, la sueur se mélange avec des germes sur ta peau. Cela produit une mauvaise odeur.

Une douche enlève la sueur
et la mauvaise odeur.

Il faut rester propre entre chaque bain ou douche. N'oublie pas de te laver les mains en rentrant de l'école.

Tu dois toujours te laver
les mains après être allé à
la toilette, avoir joué dehors
ou avoir touché un animal.

Il est aussi très important
de te laver les mains avant
de manger. Tu ne voudrais
pas mettre des germes dans
ta bouche!

Il faut aussi garder
tes vêtements propres.

Les vêtements imprégnés de sueur sentent mauvais. Au lavage, les chaussettes sales!

Tes dents sont-elles propres?
Il faut les brosser au moins
deux fois par jour.

En brossant tes dents, tu
débarrasses ta bouche des
germes. Ils peuvent te donner
une mauvaise haleine ou bien
des caries.

Il faut aussi garder la maison propre. Tu peux aider en commençant par nettoyer ta chambre.

23

Il faut laver la vaisselle et
nettoyer la table après les repas.

Il faut balayer le plancher.

Tu devrais enlever tes chaussures avant d'entrer chez toi.

Tu ne veux pas salir
le plancher propre!

Oh là là!

En voilà un qui a besoin
d'un bon bain!

Les mots que tu connais

bain

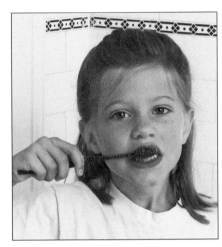

se brosser les dents

propre

saleté

salir

douche

sueur

se laver les mains

31

Index

bain 3, 5, 15, 28, 30

caries 21

chaussures 26

dents 20, 21, 30

douche 8, 9, 13, 15, 31

germes 5, 12, 16, 21

mains 6, 14, 15, 16, 31

manger 16, 17

mauvaise haleine 21

nettoyage 22, 23, 24, 25

odeur 12, 13, 19

oreilles 7

peau 10

plancher 25, 27

saleté 5, 30

savon 6

serviette 6

sueur 10, 12, 13, 19, 30

vaisselle 24

vêtements 18, 19

visage 6

Références photographiques

Photographies © 2002 : Corbis Images/Michael Pole : 3, 30 (en haut à gauche);
Peter Arnold Inc./Laura Dwight : 21, 30 (en haut à droite); Photo Researchers,
NY : couverture (Ken Cavanagh), 7 (Lawrence Migdale), 23, 30 (en bas à gauche)
(Linda Phillips), 4 (Sylvie Villeger); PhotoEdit : 20 (Myrleen Ferguson Cate), 17,
24 (Tony Freeman), 8, 31 (en haut à droite) (Jeff Greenberg), 25 (Will Hart), 5,
13, 30 (en bas à droite) (Michael Newman), 11, 12, 19, 31 (en bas à gauche)
(David Young-Wolff); Rigoberto Quinteros : 6, 14, 18, 26, 27, 29, 31 (en bas à
droite), 31 (en haut à gauche).